AF199997

Impressum
Verlag: BABADADA GmbH, Nedderfeld 112 , 22529 Hamburg
Geschäftsführer / Verlagsleitung: Harald Hof
Druck: Books on Demand GmbH, In de Tarpen 42, 22848 Norderstedt

Imprint
Publisher: BABADADA GmbH, Nedderfeld 112 , 22529 Hamburg, Germany
Managing Director / Publishing direction: Harald Hof
Print: Books on Demand GmbH, In de Tarpen 42, 22848 Norderstedt, Germany

Schule

xue xiao

Klassenzimmer
jiao shi

dividieren
chu

186/2

Tafel
hei ban

Schulhof
xiao yuan

Lehrer
lao shi

Papier
zhi

schreiben
shu xie

Stift
gang bi

Schreibtisch
ban gong zhuo

Lineal
zhi chi

Buch
shu

Schüler
xue sheng

Ranzen

shu bao

Federmappe

qian bi he

Bleistift

qian bi

Bleistiftanspitzer

juan bi dao

Radiergummi

xiang pi ca

Zeichenblock

hua ban

Zeichnung

tu hua

Pinsel

hua bi

Malkasten

yan liao he

Schere

jian dao

Klebstoff

jiao shui

Übungsheft

lian xi ce

Hausaufgabe

jia ting zuo ye

12

Zahl

shu zi

2+2

addieren

jia

5-2

subtrahieren

jian

2×2

multiplizieren

cheng

rechnen

ji suan

A

Buchstabe

zi mu

ABCDEFG HIJKLMN OPQRSTU VWXYZ

Alphabet

zi mu biao

Wort

zi

Text

ke wen

lesen

du

Kreide

fen bi

Stunde

shang ke

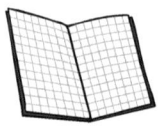

Klassenbuch

deng ji

Prüfung

kao shi

Zeugnis

zheng shu

Schuluniform

xiao fu

Ausbildung

jiao yu

Lexikon

bai ke quan shu

Universität

da xue

Mikroskop

xian wei jing

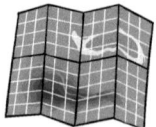

Karte

di tu

Papierkorb

fei zhi kuang

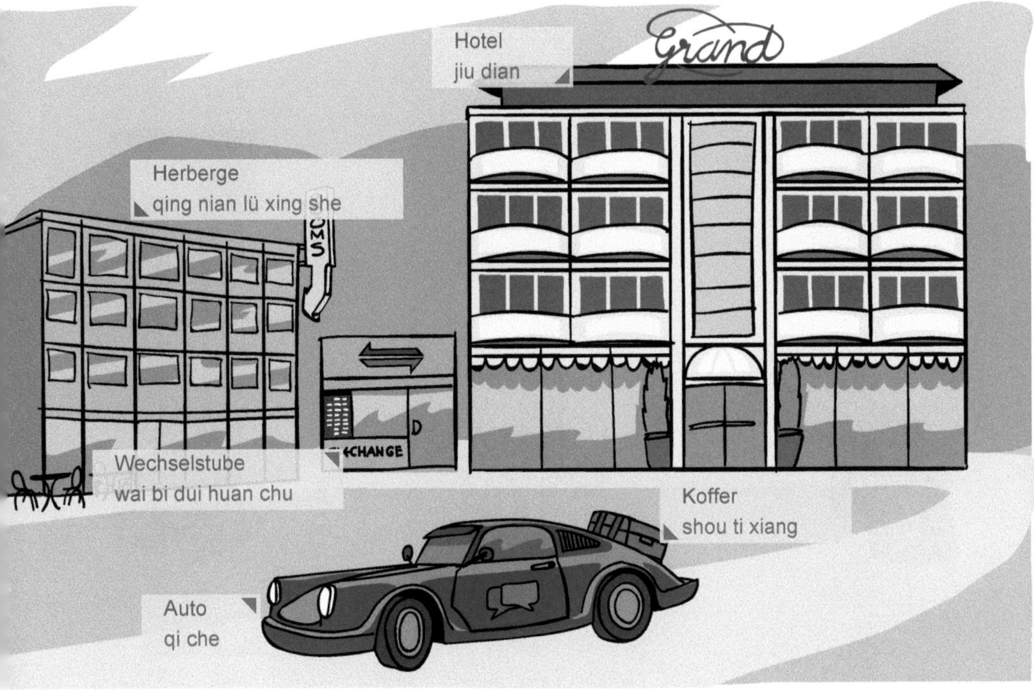
Hotel
jiu dian
Grand
Herberge
qing nian lü xing she
Wechselstube
wai bi dui huan chu
EXCHANGE
Koffer
shou ti xiang
Auto
qi che

Sprache
yu yan

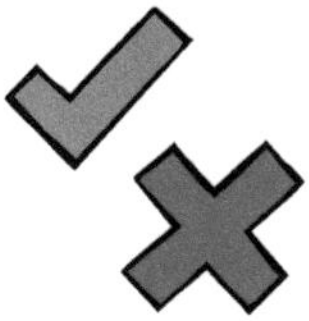

ja / nein
shi/fou

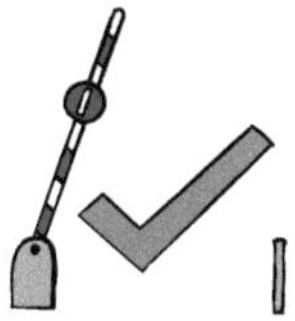

Okay
hao de

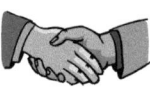

Hallo
nin hao

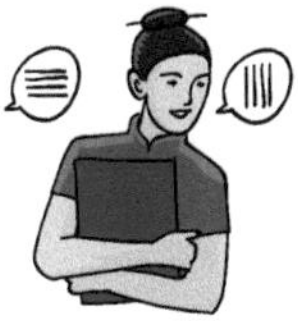

Übersetzer
fan yi yuan

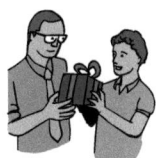

Danke
xie xie

Was kostet...?

......duo shao qian?

Ich verstehe nicht

wo bu ming bai

Problem

wen ti

Guten Abend!

wan shang hao!

Guten Morgen!

zao shang hao!

Gute Nacht!

wan an!

Auf Wiedersehen

zai jian

Richtung

fang xiang

Gepäck

xing li

Tasche

bao

Rucksack

shuang jian bao

Gast

ke ren

Zimmer

fang jian

Schlafsack

shui dai

Zelt

zhang peng

Touristeninformation

lü you xin xi

Strand

hai tan

Kreditkarte

xin yong ka

Frühstück

zao can

Mittagessen

wu can

Abendessen

wan can

Fahrkarte

piao

Fahrstuhl

dian ti

Briefmarke

you piao

Grenze

bian jie

Zoll

hai guan

Botschaft

da shi guan

Visum

qian zheng

Pass

hu zhao

Transport
jiao tong yun shu

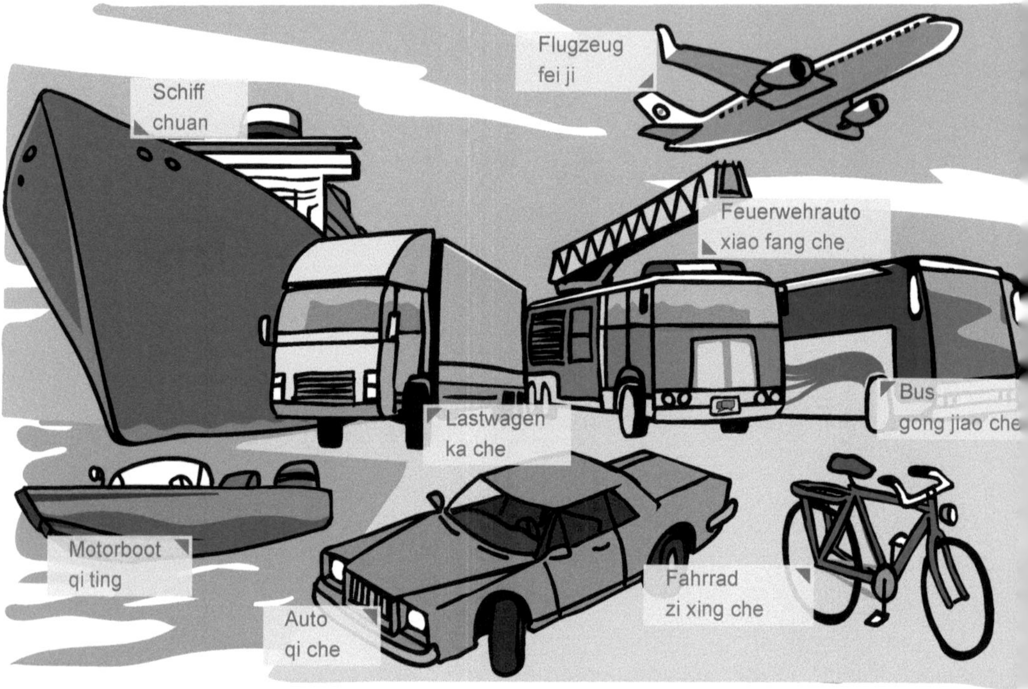

Flugzeug
fei ji
Schiff
chuan
Feuerwehrauto
xiao fang che
Bus
gong jiao che
Lastwagen
ka che
Motorboot
qi ting
Fahrrad
zi xing che
Auto
qi che

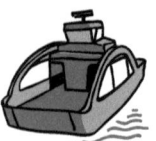

Fähre

bai du chuan

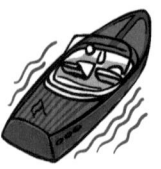

Boot

xiao chuan

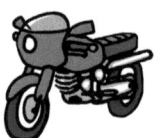

Motorrad

mo tuo che

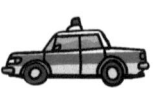

Polizeiauto

jing che

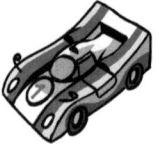

Rennauto

sai che

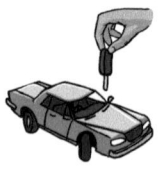

Mietwagen

zu che

Carsharing

pin che

Abschleppwagen

tuo che

Müllauto

la ji che

Motor

fa dong ji

Kraftstoff

qi you

Tankstelle

jia you zhan

Verkehrsschild

jiao tong biao zhi

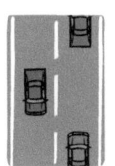

Verkehr

jiao tong

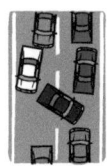

Stau

jiao tong du sai

Parkplatz

ting che chang

Bahnhof

huo che zhan

Schienen

gui dao

Zug

huo che

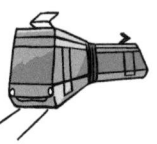

Straßenbahn

dian che

Wagon

huo che

Helikopter

zhi sheng ji

Flughafen

ji chang

Tower

ta

Passagier

cheng ke

Container

ji zhuang xiang

Karton

zhi ban xiang

Karren

shou tui che

Korb

lan zi

starten / landen

qi fei/jiang luo

Stadt
cheng shi

Dorf

cun zhuang

Stadtzentrum

shi zhong xin

Haus

fang zi

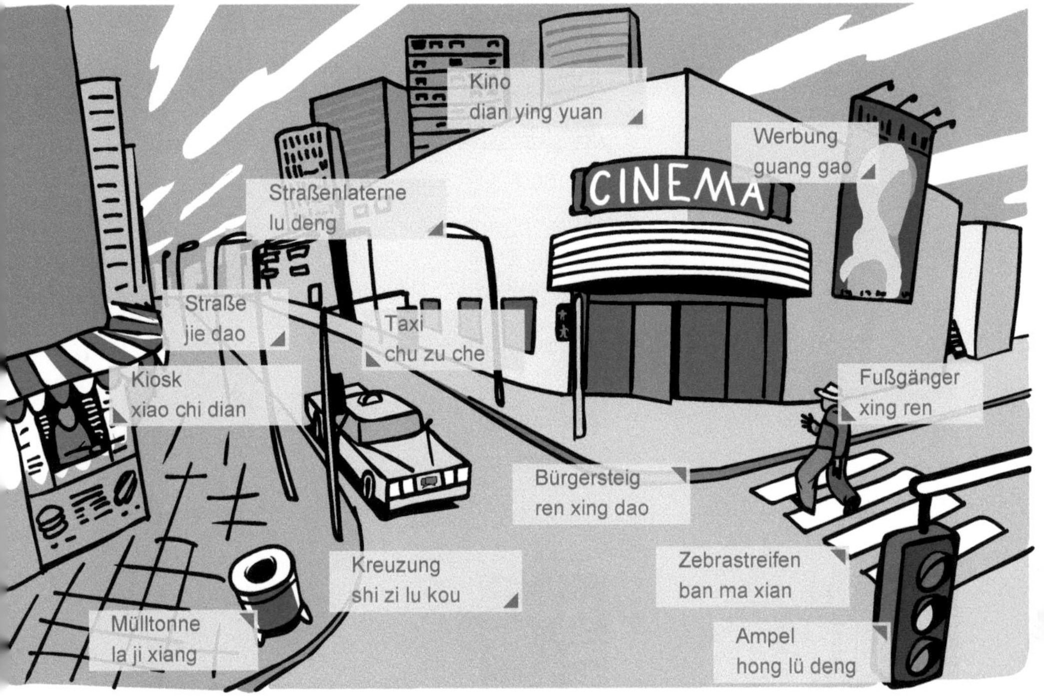

Kino
dian ying yuan

Werbung
guang gao

Straßenlaterne
lu deng

Straße
jie dao

Taxi
chu zu che

CINEMA

Kiosk
xiao chi dian

Fußgänger
xing ren

Bürgersteig
ren xing dao

Kreuzung
shi zi lu kou

Zebrastreifen
ban ma xian

Mülltonne
la ji xiang

Ampel
hong lü deng

Hütte

xiao wu

Wohnung

gong yu

Bahnhof

huo che zhan

Rathaus

shi zheng ting

Museum

bo wu guan

Schule

xue xiao

Universität

da xue

Bank

yin hang

Krankenhaus

yi yuan

Hotel

jiu dian

Apotheke

yao fang

Büro

ban gong shi

Buchhandlung

shu dian

Geschäft

shang dian

Blumenladen

hua dian

Supermarkt

chao shi

Markt

shi chang

Kaufhaus

bai huo shang dian

Fischhändler

yu dian

Einkaufszentrum

gou wu zhong xin

Hafen

hai gang

Park

gong yuan

Bank

chang deng

Brücke

qiao

Treppe

lou ti

U-Bahn

di tie

Tunnel

sui dao

Bushaltestelle

gong jiao che zhan

Bar

jiu ba

Restaurant

can guan

Briefkasten

you tong

Straßenschild

lu biao

Parkuhr

ting che ji shi qi

Zoo

dong wu yuan

Badeanstalt

you yong guan

Moschee

qing zhen si

Bauernhof

nong chang

Umweltverschmutzung

wu ran

Friedhof

mu di

Kirche

jiao tang

Spielplatz

cao chang

Tempel

si miao

Landschaft
di xing

Blatt
shu ye

Wegweiser
zhi shi pai

Weg
lu

Wiese
cao di

Stein
shi tou

Baum
shu

Wanderer
tu bu lü xing zhe

Fluss
he

Gras
cao

Blume
hua

Tal

xia gu

Berg

shan

See

hu

Wald

sen lin

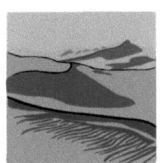

Wüste

sha mo

Vulkan

huo shan

Schloss

cheng bao

Regenbogen

cai hong

Pilz

mo gu

Palme

zong lü shu

Moskito

wen zi

Fliege

cang ying

Ameise

ma yi

Biene

mi feng

Spinne

zhi zhu

Käfer

jia chong

Frosch

qing wa

Eichhörnchen

song shu

Igel

ci wei

Hase

ye tu

Eule

mao tou ying

Vogel

niao

Schwan

tian e

Wildschwein

ye zhu

Hirsch

lu

Elch

mi lu

Staudamm

shui ba

Windrad

feng li fa dian ji

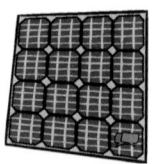

Solarmodul

tai yang neng dian chi ban

Klima

qi hou

Restaurant
can guan

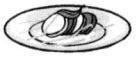

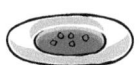

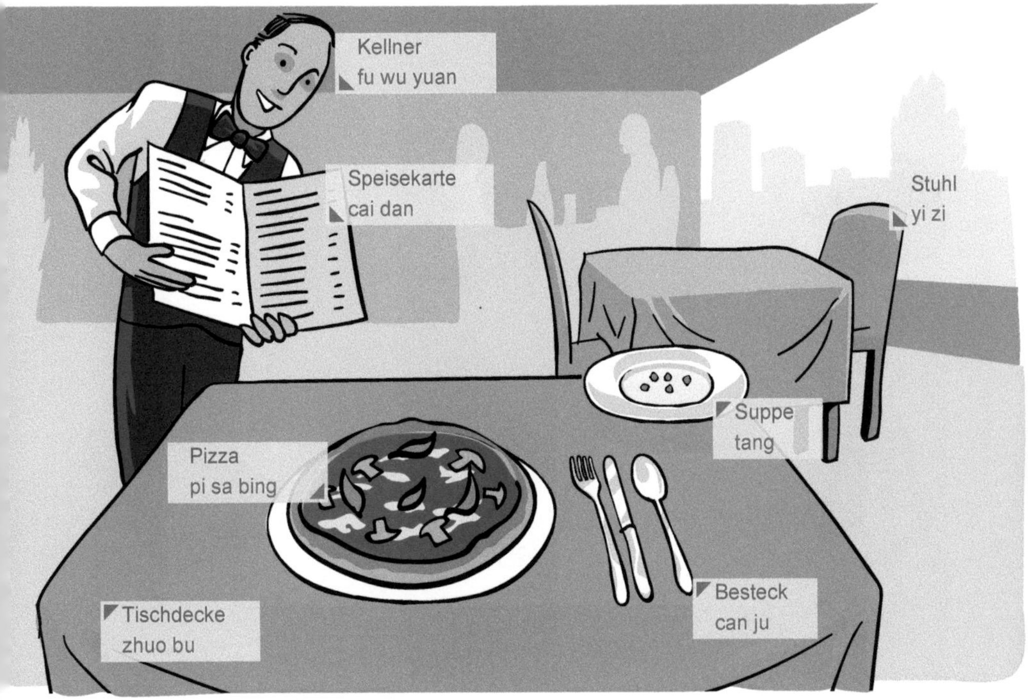

Kellner
fu wu yuan
Speisekarte
cai dan
Stuhl
yi zi
Suppe
tang
Pizza
pi sa bing
Besteck
can ju
Tischdecke
zhuo bu

Vorspeise

qian cai

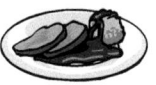

Hauptgericht

zhu cai

Nachspeise

tian dian

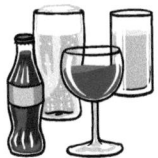

Getränke

yin liao

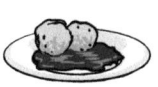

Essen

shi wu

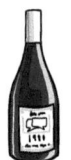

Flasche

ping zi

Fastfood

kuai can

Streetfood

jie bian xiao chi

Teekanne

cha hu

Zuckerdose

tang he

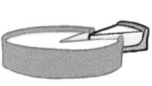

Portion

yi fen fan cai

Espressomaschine

yi shi ka fei ji

Hochstuhl

gao jiao yi

Rechnung

zhang dan

Tablett

tuo pan

Messer

dao

Gabel

can cha

Löffel

shao zi

Teelöffel

cha chi

Serviette

can jin

Glas

bo li bei

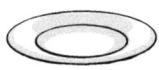

Teller

die zi

Suppenteller

tang pan

Untertasse

die zi

Sauce

jiang

Salzstreuer

yan ping

Pfeffermühle

hu jiao mo

Essig

cu

Öl

shi yong you

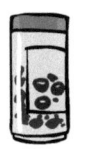

Gewürze

tiao wei liao

Ketchup

fan qie jiang

Senf

jie mo

Mayonnaise

dan huang jiang

Supermarkt
chao shi

Angebot
te jia
FOR
Kunde
gu ke
Milchprodukte
ru zhi pin
Obst
shui guo
Einkaufswagen
gou wu che

BUTCHERS

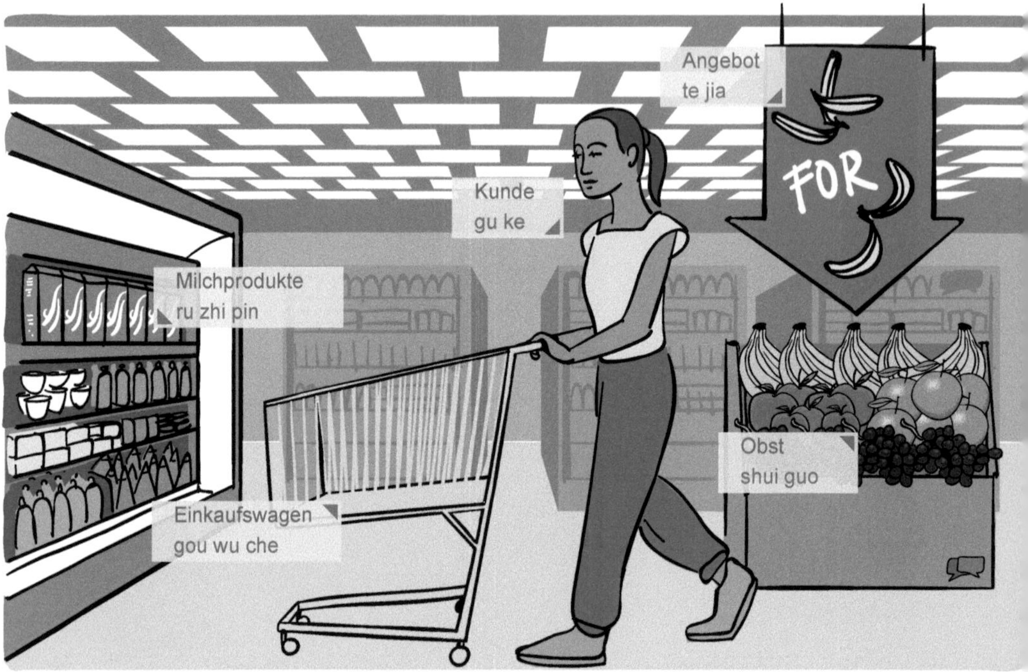

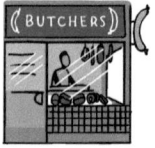

Schlachterei

rou pu

BAKERY

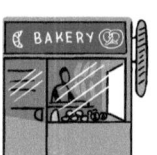

Bäckerei

mian bao fang

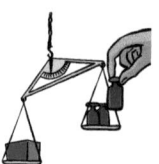

wiegen

cheng zhong

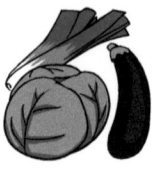

Gemüse

shu cai

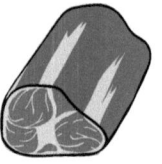

Fleisch

rou

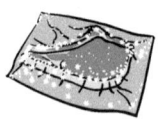

Tiefkühlkost

leng dong shi pin

Aufschnitt

leng pan

Konserven

guan tou shi pin

Waschmittel

xi yi fen

Süßigkeiten

tian shi

Haushaltsartikel

ri yong pin

Reinigungsmittel

qing jie yong pin

Verkäuferin

xiao shou yuan

Kasse

shou yin ji

Kassierer

shou yin yuan

Einkaufsliste

gou wu qing dan

Öffnungszeiten

kai fang shi jian

Brieftasche

qian bao

Kreditkarte

xin yong ka

Tasche

dai zi

Plastiktüte

su liao dai

Wasser

shui

Saft

guo zhi

Milch

niu nai

Cola

ke le

Wein

hong jiu

Bier

pi jiu

Alkohol

jiu

Kakao

ke ke

Tee

cha

Kaffee

ka fei

Espresso

yi shi nong suo ka fei

Cappuccino

ka bu qi nuo

Banane

xiang jiao

Apfel

ping guo

Orange

cheng zi

Melone

xi gua

Zitrone

ning meng

Karotte

hu luo bo

Knoblauch

da suan

Bambus

zhu zi

Zwiebel

yang cong

Pilz

mo gu

Nüsse

jian guo

Nudeln

mian tiao

Spaghetti

yi da li mian tiao

Reis

mi fan

Salat

sha la

Pommes frites

shu tiao

Bratkartoffeln

zha tu dou

Pizza

pi sa bing

Hamburger

han bao bao

Sandwich

san ming zhi

Schnitzel

zha zhu pai

Schinken

huo tui

Salami

sa la mi

Wurst

xiang chang

Huhn

ji rou

Braten

kao rou

Fisch

yu

Haferflocken

yan mai pian

Müsli

mu zi li

Cornflakes

yu mi pian

Mehl

mian fen

Croissant

yang jiao mian bao

Brötchen

mian bao juan

Brot

mian bao

Toast

kao mian bao

Kekse

bing gan

Butter

huang you

Quark

ning ru

Kuchen

dan gao

Ei

dan

Spiegelei

jian dan

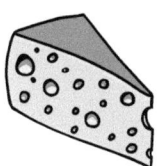

Käse

nai lao

Eiscreme

bing ji lin

Zucker

tang

Honig

feng mi

Marmelade

guo jiang

Nougat-Creme

qiao ke li jiang

Curry

ga li fan

Bauernhof
nong chang

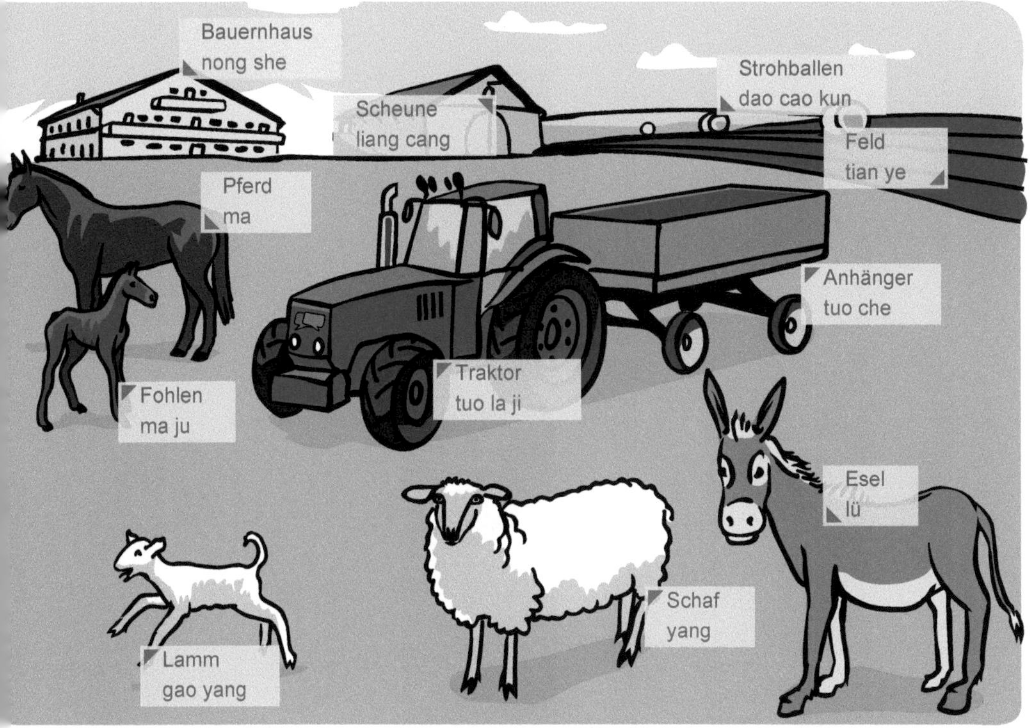
Bauernhaus
nong she
Scheune
liang cang
Strohballen
dao cao kun
Feld
tian ye
Pferd
ma
Anhänger
tuo che
Traktor
tuo la ji
Fohlen
ma ju
Esel
lü
Schaf
yang
Lamm
gao yang

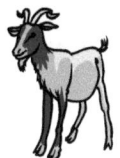

Ziege

shan yang

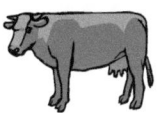

Kuh

nai niu

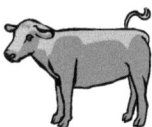

Kalb

niu du

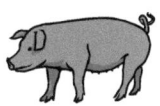

Schwein

zhu

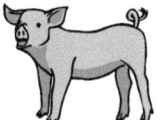

Ferkel

xiao zhu

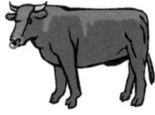

Bulle

gong niu

Gans

e

Ente

ya

Küken

xiao ji

Huhn

mu ji

Hahn

gong ji

Ratte

shu

Katze

mao

Maus

lao shu

Ochse

niu

Hund

gou

Hundehütte

gou wu

Gartenschlauch

hua yuan jiao shui ruan
guan

Gießkanne

sa shui hu

Sense

chang bing da lian dao

Pflug

li

Sichel

lian dao

Hacke

chu tou

Mistgabel

chang bing cao pa

Axt

fu tou

Schubkarre

du lun shou tui che

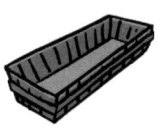

Trog

si liao cao

Milchkanne

niu nai guan

Sack

ma bu dai

Zaun

zha lan

Stall

ma jiu

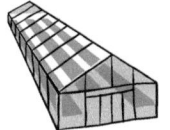

Treibhaus

wen shi

Boden

tu rang

Saat

zhong zi

Dünger

fei liao

Mähdrescher

lian he shou ge ji

ernten

shou ge

Ernte

shou ge

Yamswurzel

shan yao

Weizen

xiao mai

Soja

da dou

Kartoffel

tu dou

Mais

yu mi

Raps

you cai zi

Obstbaum

guo shu

Maniok

shu shu

Getreide

gu wu

Haus

fang zi

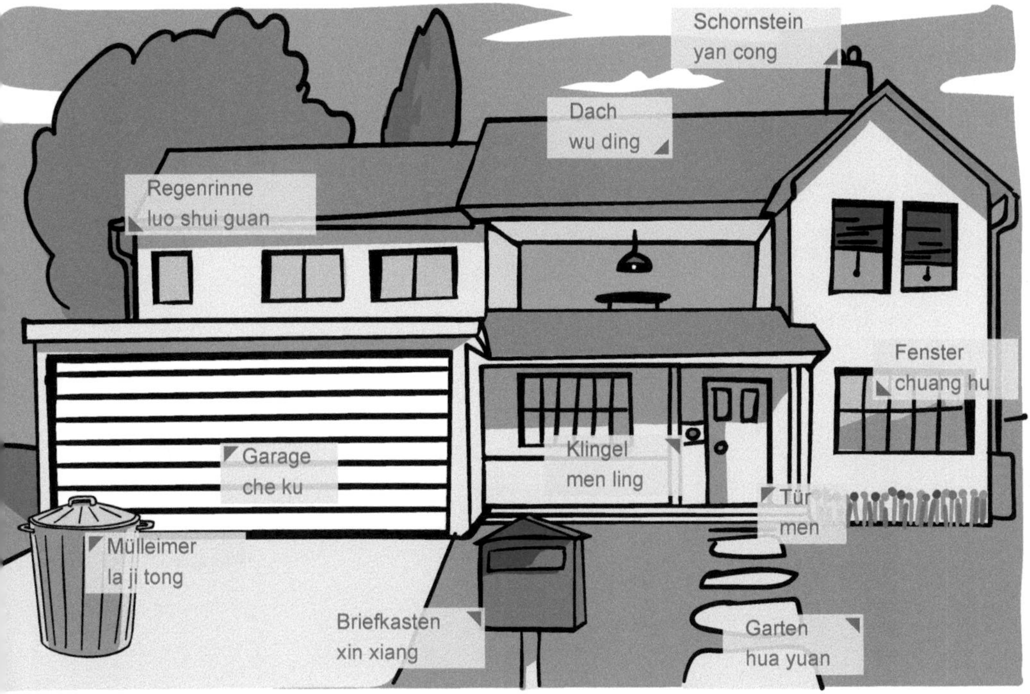

Schornstein
yan cong
Dach
wu ding
Regenrinne
luo shui guan
Fenster
chuang hu
Garage
che ku
Klingel
men ling
Tür
men
Mülleimer
la ji tong
Briefkasten
xin xiang
Garten
hua yuan

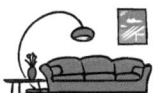

Wohnzimmer

ke ting

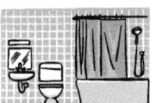

Badezimmer

yu shi

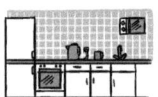

Küche

chu fang

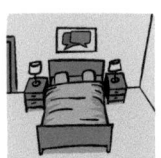

Schlafzimmer

wo shi

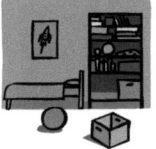

Kinderzimmer

er tong fang

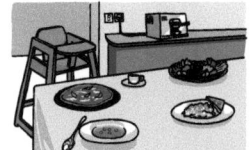

Esszimmer

can ting

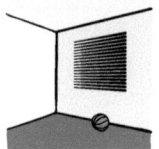

Boden
di ban

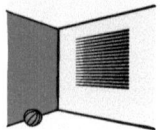

Wand
qiang bi

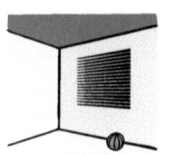

Decke
diao ding

Keller
di jiao

Sauna
sang na

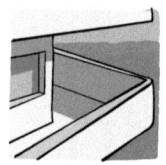

Balkon
yang tai

Terrasse
lu tai

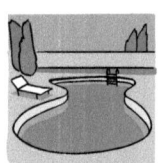

Schwimmbad
you yong chi

Rasenmäher
ge cao ji

Bettbezug
bei dan

Bettdecke
chuang zhao

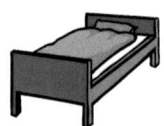

Bett
chuang

Besen
sao zhou

Eimer
shui tong

Schalter
kai guan

Wohnzimmer
ke ting

Tapete
bi zhi
Bild
zhao pian
Lampe
tai deng
Regal
ge jia
Schrank
chu gui
Fernseher
dian shi ji
Kamin
bi lu
Blume
hua
Kissen
dian zi
Sofa
sha fa
Vase
hua ping
Fernbedienung
yao kong qi

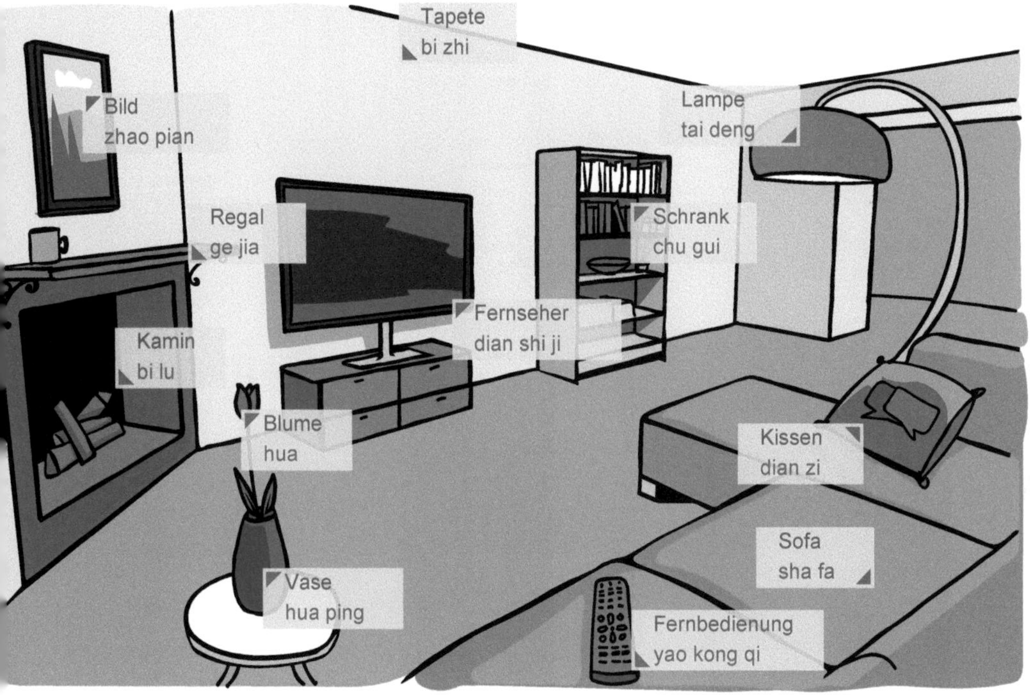

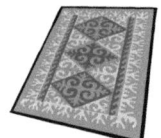

Teppich

di tan

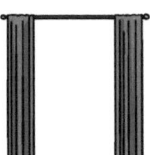

Vorhang

chuang lian

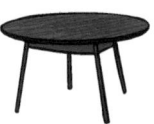

Tisch

can zhuo

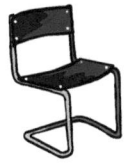

Stuhl

yi zi

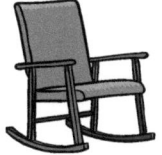

Schaukelstuhl

yao yi

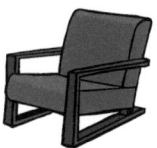

Sessel

fu shou yi

Buch

shu

Decke

tan zi

Dekoration

zhuang shi pin

Feuerholz

mu chai

Film

dian ying

Stereoanlage

gao bao zhen yin xiang

Schlüssel

yao shi

Zeitung

bao zhi

Gemälde

you hua

Poster

hai bao

Radio

shou yin ji

Notizblock

bi ji ben

Staubsauger

xi chen qi

Kaktus

xian ren zhang

Kerze

la zhu

Küche
chu fang

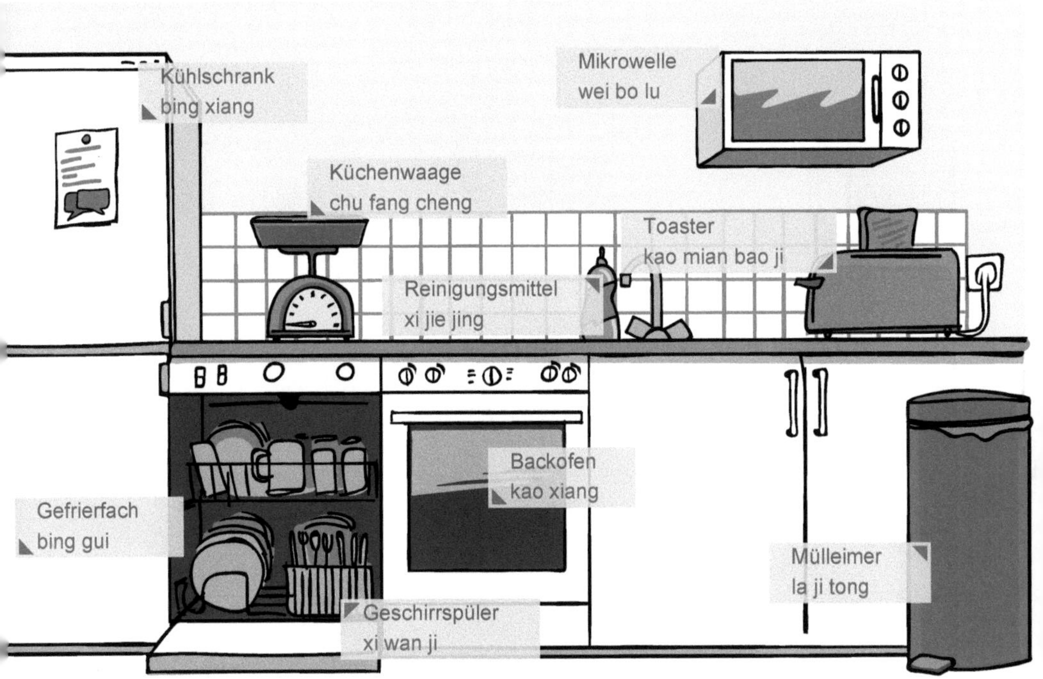
Kühlschrank
bing xiang
Mikrowelle
wei bo lu
Küchenwaage
chu fang cheng
Toaster
kao mian bao ji
Reinigungsmittel
xi jie jing
Backofen
kao xiang
Gefrierfach
bing gui
Mülleimer
la ji tong
Geschirrspüler
xi wan ji

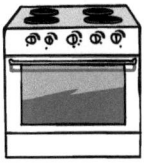

Herd

chui ju

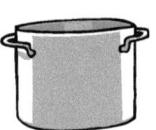

Topf

guo

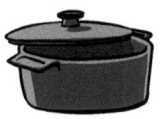

Eisentopf

zhu tie guo

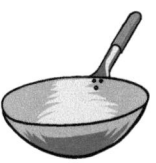

Wok / Kadai

sha guo

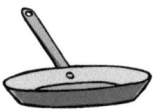

Pfanne

ping di guo

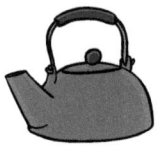

Wasserkocher

shui hu

Dampfgarer

zheng guo

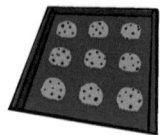

Backblech

kao pan

Geschirr

tao ci guo

Becher

ma ke bei

Schale

wan

Essstäbchen

kuai zi

Suppenkelle

chang bing shao

Pfannenwender

chan zi

Schneebesen

jiao ban qi

Kochsieb

lü wang

Sieb

shai zi

Reibe

mo sui ji

Mörser

yan bo

Grill

shao kao

Feuerstelle

ming huo

Küche - chu fang

Schneidebrett

cai ban

Nudelholz

gan mian zhang

Korkenzieher

kai ping qi

Dose

guan zi

Dosenöffner

kai ping qi

Topflappen

ge re shou tao

Waschbecken

shui cao

Bürste

shua zi

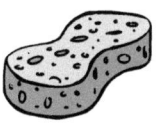

Schwamm

hai mian

Mixer

jiao ban ji

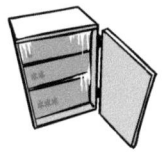

Gefriertruhe

leng cang xiang

Babyflasche

nai ping

Wasserhahn

shui long tou

Küche - chu fang

Badezimmer

yu shi

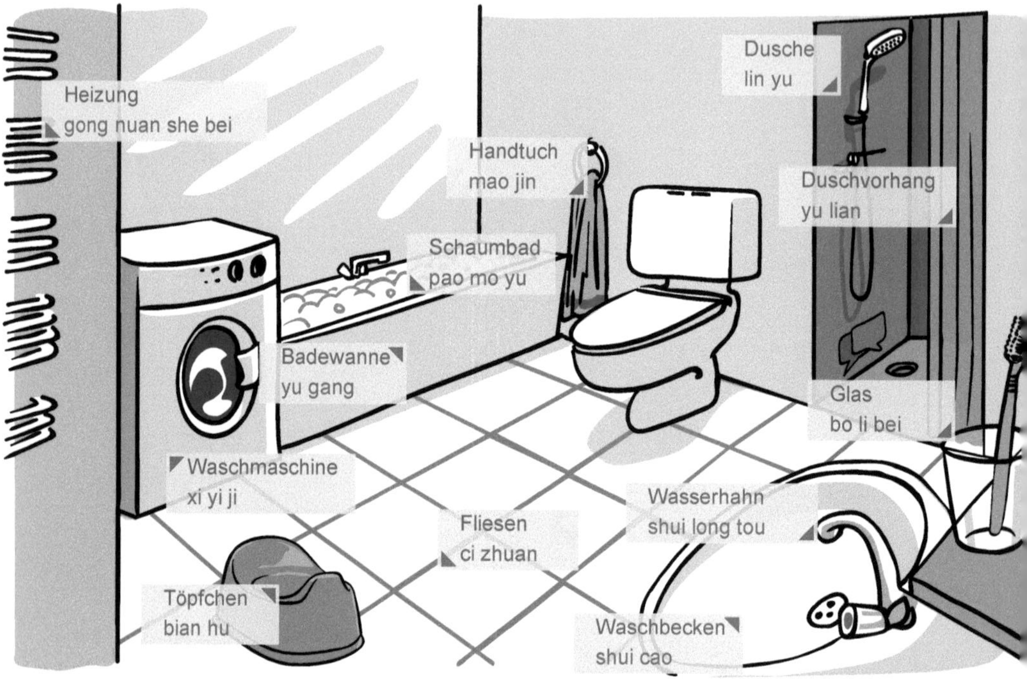

Heizung
gong nuan she bei
Handtuch
mao jin
Dusche
lin yu
Duschvorhang
yu lian
Schaumbad
pao mo yu
Badewanne
yu gang
Glas
bo li bei
Waschmaschine
xi yi ji
Wasserhahn
shui long tou
Fliesen
ci zhuan
Töpfchen
bian hu
Waschbecken
shui cao

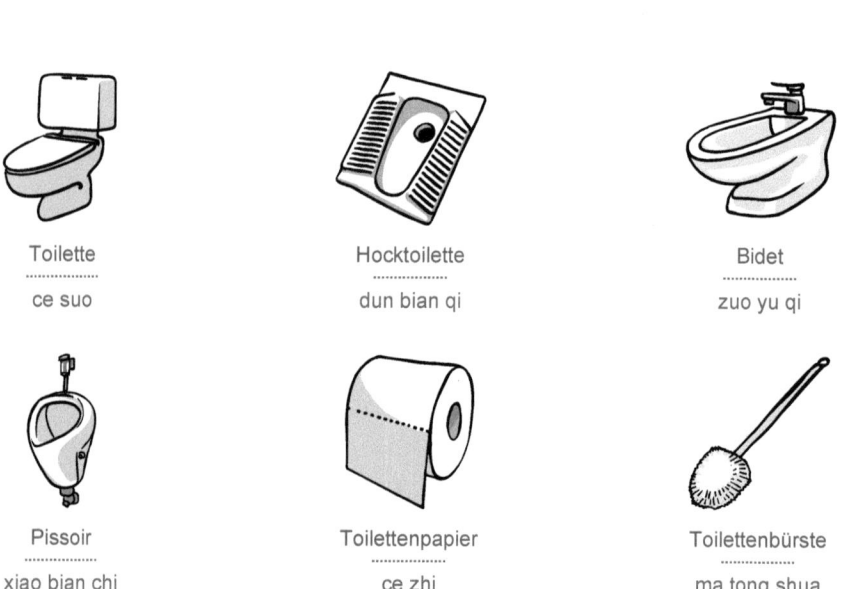

Toilette

ce suo

Hocktoilette

dun bian qi

Bidet

zuo yu qi

Pissoir

xiao bian chi

Toilettenpapier

ce zhi

Toilettenbürste

ma tong shua

Zahnbürste

ya shua

Zahnpasta

ya gao

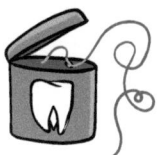

Zahnseide

ya xian

waschen

xi

Handbrause

shou chi shi pen lin tou

Intimdusche

chong xi qi

Waschschüssel

xi lian pen

Rückenbürste

ca bei shua

Seife

fei zao

Duschgel

mu yu lu

Shampoo

xi fa shui

Waschlappen

fa lan rong

Abfluss

pai shui

Creme

ru shuang

Deodorant

chu chou ji

Spiegel

jing zi

Kosmetikspiegel

shou jing

Rasierer

ti xu dao

Rasierschaum

ti xu pao mo

Rasierwasser

xu hou shui

Kamm

shu zi

Bürste

shua zi

Föhn

chui feng ji

Haarspray

pen fa ding xing ji

Makeup

hua zhuang pin

Lippenstift

chun gao

Nagellack

zhi jia you

Watte

hua zhuang mian

Nagelschere

zhi jia jian

Parfum

xiang shui

Kulturbeutel

xi shu bao

Hocker

deng zi

Waage

ji zhong cheng

Bademantel

yu pao

Gummihandschuhe

xiang jiao shou tao

Tampon

wei sheng mian tiao

Damenbinde

wei sheng jin

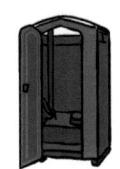

Chemietoilette

hua xue ce suo

Kinderzimmer

er tong fang

Wecker
nao zhong
Kuscheltier
mao rong wan ju
Spielzeugauto
wan ju che
Rassel
bo lang gu
Puppenhaus
wan ju wu
Geschenk
li wu

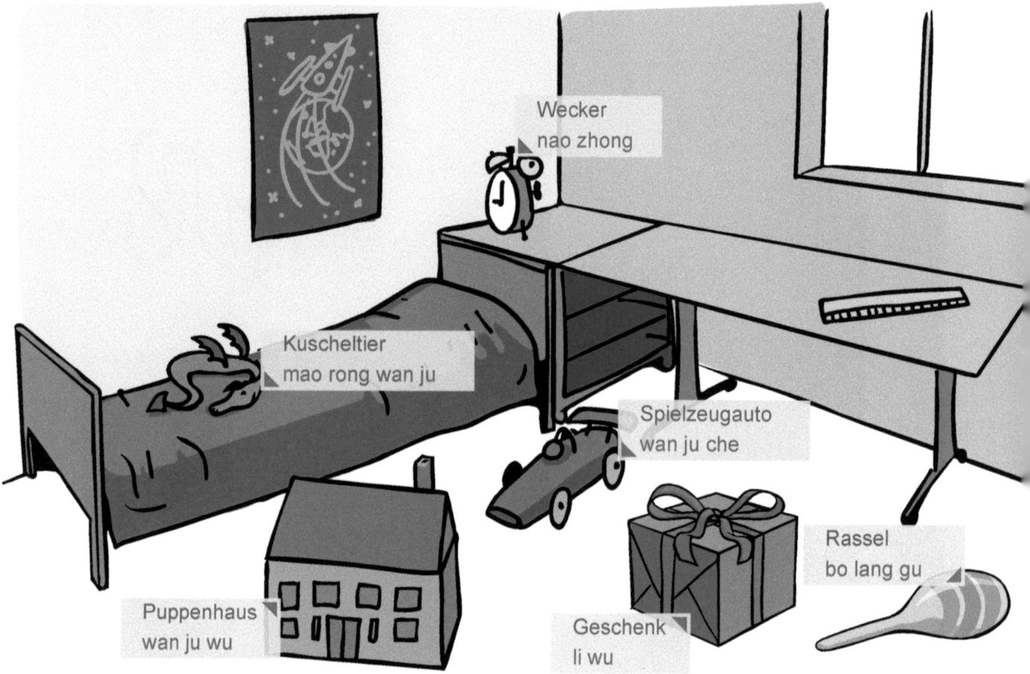

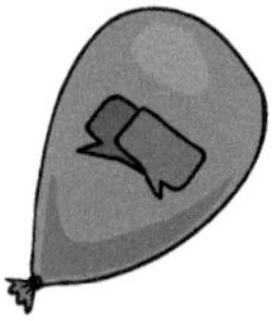

Ballon

qi qiu

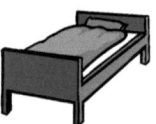

Bett

chuang

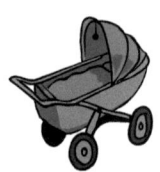

Kinderwagen

(yang wa wa yong)ying er che

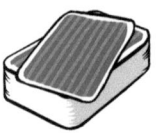

Kartenspiel

pu ke pai

Puzzle

pin tu

SUPER MEGA

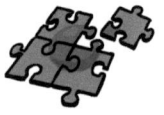

Comic

man hua

Legosteine

le gao ji mu

Bausteine

ji mu wan ju

Action Figur

wan ju ren

Strampelanzug

ying er fu

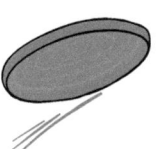

Frisbee

fei pan

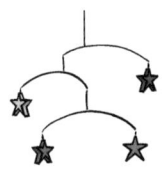

Mobile

chuang ling wan ju

Brettspiel

qi pan you xi

Würfel

shai zi

Modelleisenbahn

huo che mo xing

Schnuller

an fu nai zui

Party

ju hui

Bilderbuch

hui ben

Ball

qiu

Puppe

yang wa wa

spielen

wan

Sandkasten

sha keng

Schaukel

qiu qian

Spielzeug

wan ju

Spielkonsole

you xi ji

Dreirad

san lun che

Teddy

tai di xiong

Kleiderschrank

yi chu

Kleidung

yi fu

Socken

wa zi

Strümpfe

chang wa

Strumpfhose

jin shen ku

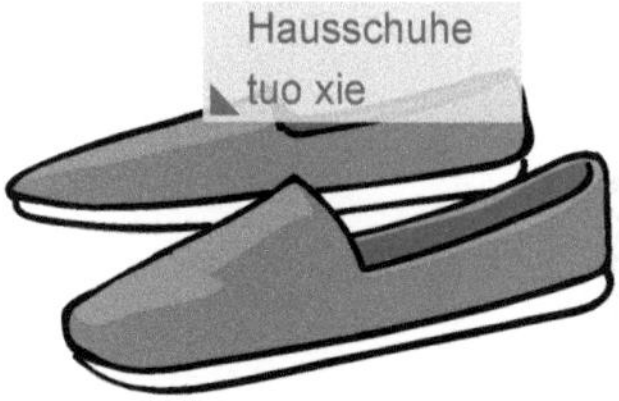

Schal
wei jin

Regenschirm
yu san

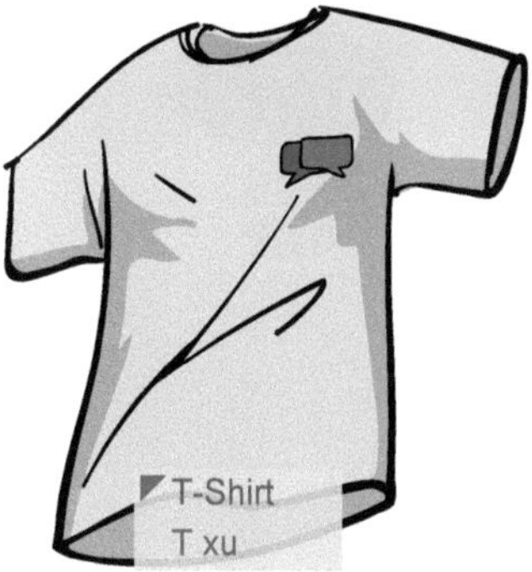

T-Shirt
T xu

Gürtel
pi dai

Stiefel
xue zi

Hausschuhe
tuo xie

Turnschuhe
yun dong xie

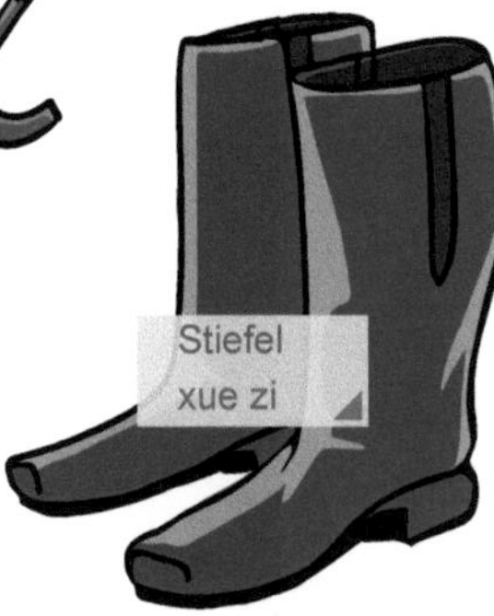

Sandalen

liang xie

Schuhe

xie

Gummistiefel

yu xue

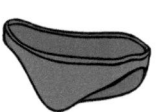

Unterhose

nei ku

Büstenhalter

xiong zhao

Unterhemd

bei xin

Body

shen ti

Hose

ku zi

Jeans

niu zai ku

Rock

duan qun

Bluse

nü shi chen shan

Hemd

chen shan

Pullover

tao tou shan

Kapuzenpullover

wei yi

Blazer

xi zhuang jia ke

Jacke

jia ke

Mantel

wai tao

Regenmantel

yu yi

Kostüm

tao zhuang

Kleid

lian yi qun

Hochzeitskleid

hun sha

Anzug

xi zhuang

Nachthemd

shui pao

Schlafanzug

shui yi

Sari

sha li

Kopftuch

tou jin

Turban

bao tou jin

Burka

bo ka

Kaftan

ka fu tan

Abaya

(a la bo shi)chang pao

Badeanzug

yong yi

Badehose

nan shi yong ku

Kurze Hose

duan ku

Trainingsanzug

yun dong fu

Schürze

wei qun

Handschuhe

shou tao

Knopf

niu kou

Brille

yan jing

Armband

shou lian

Halskette

xiang lian

Ring

jie zhi

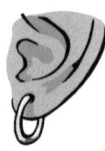

Ohrring

er huan

Mütze

bian mao

Kleiderbügel

yi jia

Hut

mao zi

Krawatte

ling dai

Reißverschluss

la lian

Helm

tou kui

Hosenträger

bei dai

Schuluniform

xiao fu

Uniform

zhi fu

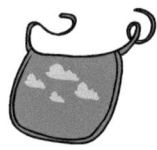

Lätzchen

wei dou

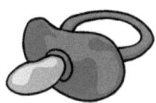

Schnuller

an fu nai zui

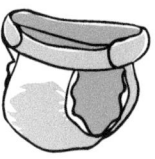

Windel

niao bu shi

Büro

ban gong shi

Server
fu wu qi
Aktenschrank
wen jian gui
Drucker
da yin ji
Papier
zhi
Monitor
xian shi ping
Maus
shu biao
Schreibtisch
ban gong zhuo
Ordner
wen jian jia
Tastatur
jian pan
Papierkorb
fei zhi kuang
Computer
dian nao
Stuhl
yi zi

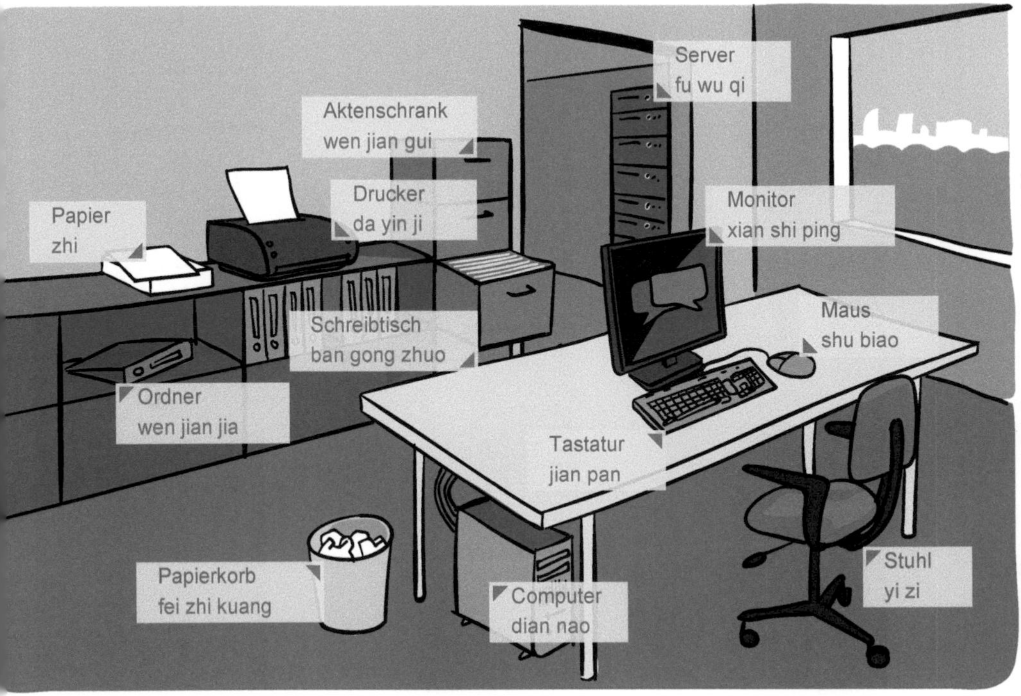

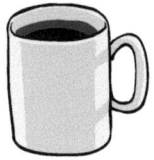

Kaffeebecher

ka fei bei

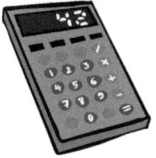

Taschenrechner

ji suan qi

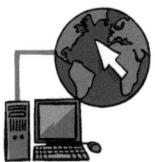

Internet

yin te wang

Laptop

bi ji ben dian nao

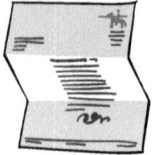

Brief

xin jian

Nachricht

xiao xi

Handy

shou ji

Netzwerk

wang luo

Kopierer

fu yin ji

Software

ruan jian

Telefon

dian hua

Steckdose

cha zuo

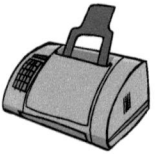

Fax

chuan zhen ji

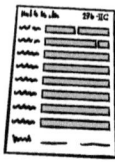

Formular

biao ge

Dokument

wen jian

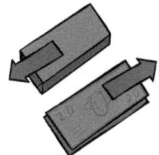

kaufen

mai

bezahlen

fu qian

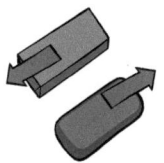

handeln

jiao yi

Geld

xian jin

Dollar

mei yuan

Euro

ou yuan

Yen

ri yuan

Rubel

lu bu

Franken

rui shi fa lang

Renminbi Yuan

ren min bi

Rupie

lu bi

Geldautomat

ti kuan chu

Wechselstube

wai bi dui huan chu

Gold

jin

Silber

yin

Öl

shi you

Energie

neng yuan

Preis

jia ge

Vertrag

he tong

Steuer

shui jin

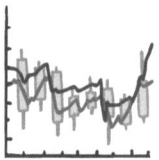

Aktie

gu piao

arbeiten

gong zuo

Angestellter

zhi yuan

Arbeitgeber

lao ban

Fabrik

gong chang

Geschäft

shang dian

Berufe
zhi ye

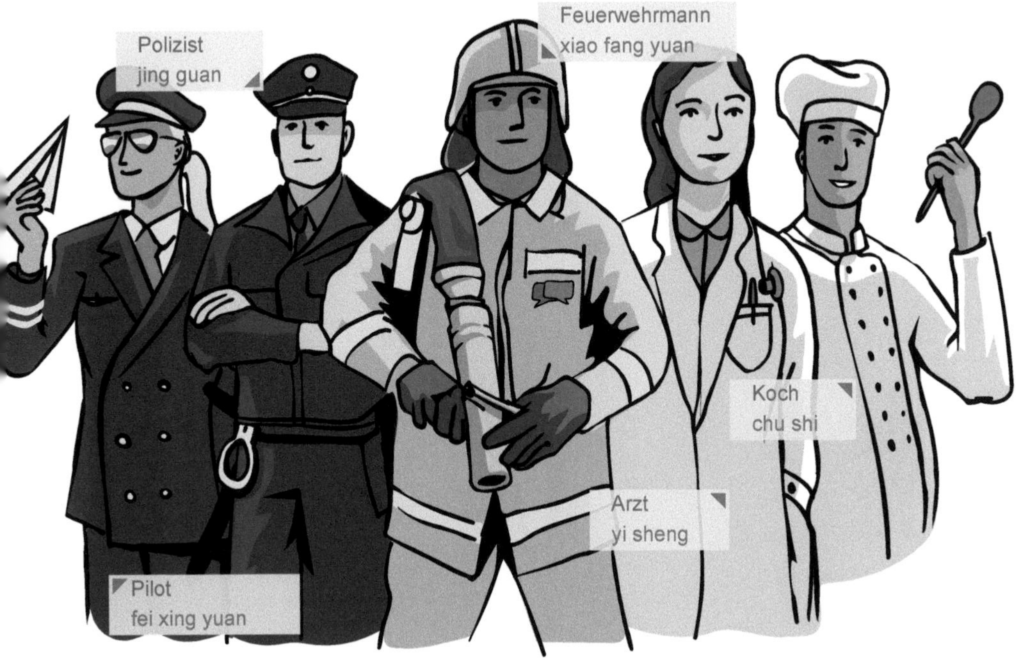
Polizist
jing guan
Feuerwehrmann
xiao fang yuan
Koch
chu shi
Arzt
yi sheng
Pilot
fei xing yuan

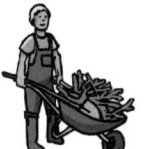

Gärtner

yuan ding

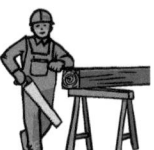

Tischler

mu jiang

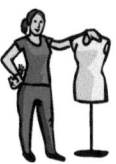

Näherin

cai feng

Richter

fa guan

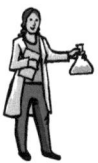

Chemiker

hua xue jia

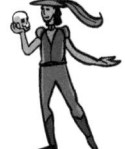

Schauspieler

yan yuan

Busfahrer

gong jiao che si ji

Taxifahrer

chu zu che si ji

Fischer

yu fu

Putzfrau

qing jie nü gong

Dachdecker

wu ding gong

Kellner

fu wu yuan

Jäger

lie ren

Maler

hua jia

Bäcker

mian bao shi

Elektriker

dian gong

Bauarbeiter

jian zhu gong ren

Ingenieur

gong cheng shi

Schlachter

tu fu

Klempner

shui guan gong

Postbote

you di yuan

Soldat

shi bing

Architekt

jian zhu shi

Kassierer

shou yin yuan

Florist

hua nong

Friseur

li fa shi

Schaffner

shou piao yuan

Mechaniker

ji xie shi

Kapitän

chuan zhang

Zahnarzt

ya yi

Wissenschaftler

ke xue jia

Rabbi

la bi

Imam

yi ma mu

Mönch

he shang

Geistlicher

mu shi

Werkzeuge
gong ju

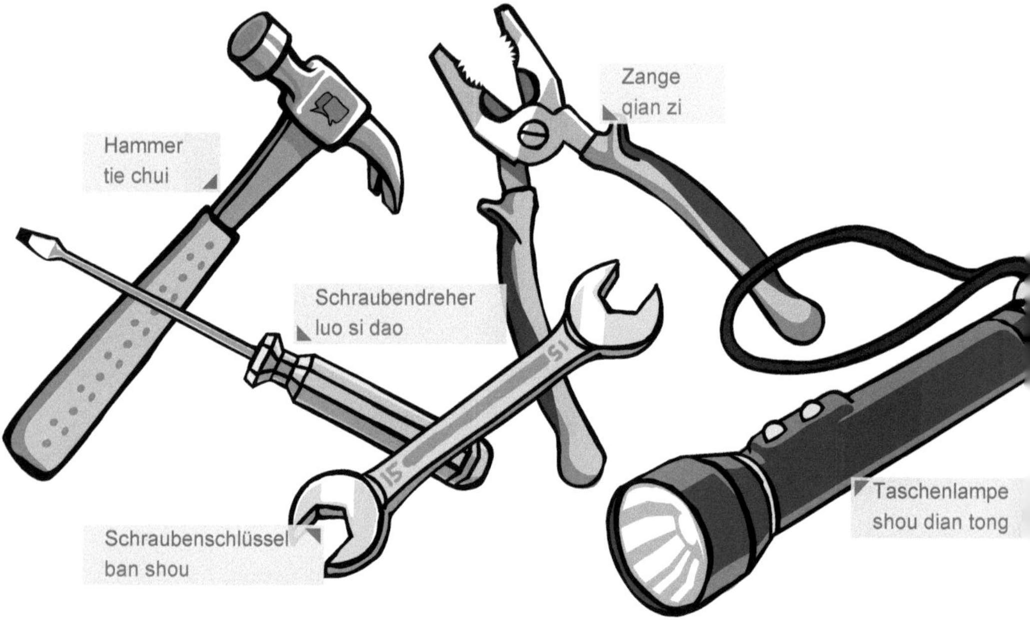
Hammer
tie chui
Zange
qian zi
Schraubendreher
luo si dao
Schraubenschlüssel
ban shou
Taschenlampe
shou dian tong

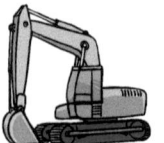

Bagger

wa jue ji

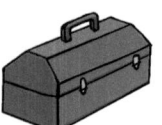

Werkzeugkasten

gong ju xiang

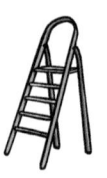

Leiter

ti zi

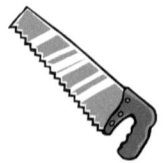

Säge

ju zi

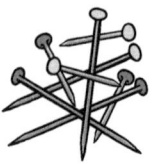

Nägel

ding zi

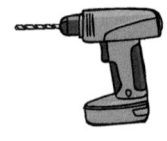

Bohrer

zuan ji

reparieren	Schaufel	Mist!
xiu	chan zi	kao!

Kehrblech	Farbtopf	Schrauben
bo ji	you qi tong	luo si

Musikinstrumente
yue qi

Schlagzeug
da ji yue qi

Lautsprecher
yang sheng qi

Gitarre
ji ta

Kontrabass
di yin ti qin

Trompete
xiao hao

Klavier

gang qin

Violine

xiao ti qin

Bass

bei si

Pauke

ding yin gu

Trommeln

gu

Keyboard

dian zi qin

Saxophon

sa ke si guan

Flöte

chang di

Mikrofon

mai ke feng

Zoo
dong wu yuan

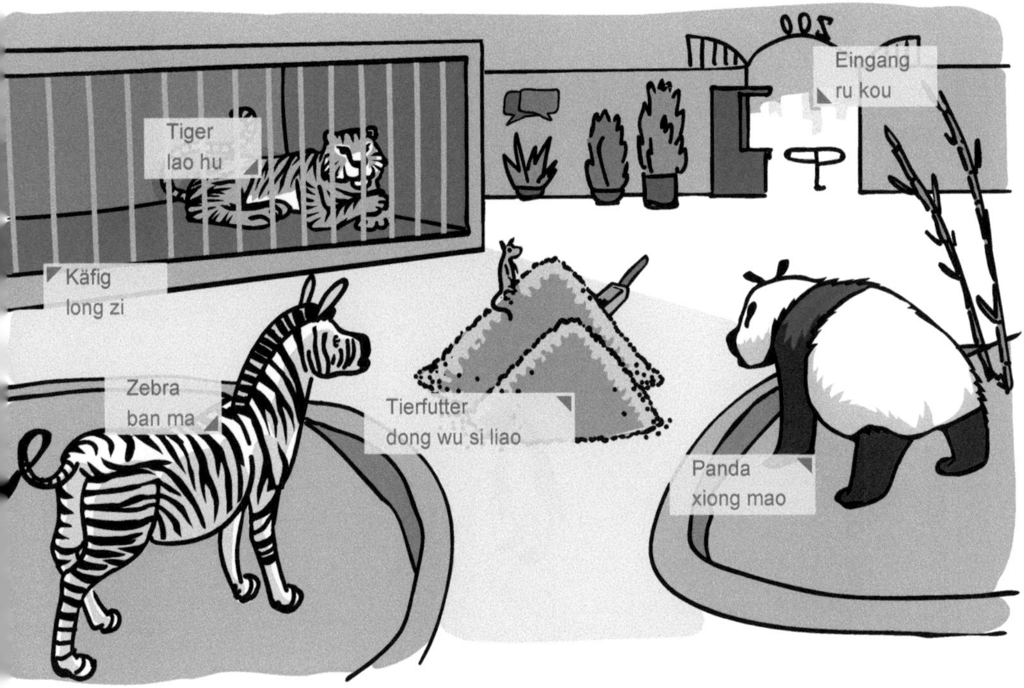

Eingang
ru kou
Tiger
lao hu
Käfig
long zi
Zebra
ban ma
Tierfutter
dong wu si liao
Panda
xiong mao

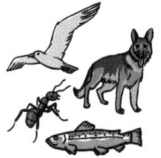

Tiere

dong wu

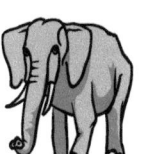

Elefant

da xiang

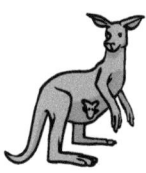

Känguru

dai shu

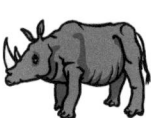

Nashorn

xi niu

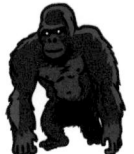

Gorilla

da xing xing

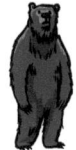

Bär

xiong

Kamel

luo tuo

Strauß

tuo niao

Löwe

shi zi

Affe

hou zi

Flamingo

huo lie niao

Papagei

ying wu

Eisbär

bei ji xiong

Pinguin

qi e

Hai

sha yu

Pfau

kong que

Schlange

she

Krokodil

e yu

Zoowärter

dong wu yuan guan li yuan

Robbe

hai bao

Jaguar

mei zhou bao

Pony

ai zhong ma

Leopard

bao

Nilpferd

he ma

Giraffe

chang jing lu

Adler

lao ying

Wildschwein

ye zhu

Fisch

yu

Schildkröte

gui

Walross

hai xiang

Fuchs

hu li

Gazelle

ling yang

American Football
gan lan qiu

Radfahren
qi zi xing che

Tennis
wang qiu

Basketball
lan qiu

Schwimmen
you yong

Boxen
quan ji

Eishockey
bing qiu

Fußball

ying shi zu qiu

Badminton

yu mao qiu

Leichtathletik

tian jing

Handball

shou qiu

Skilaufen

hua xue

Polo

ma qiu

Aktivitäten
huo dong

lachen
xiao
springen
tiao
umarmen
yong bao
gehen
zou lu
singen
chang
träumen
zuo meng
beten
qi dao
küssen
qin wen

A

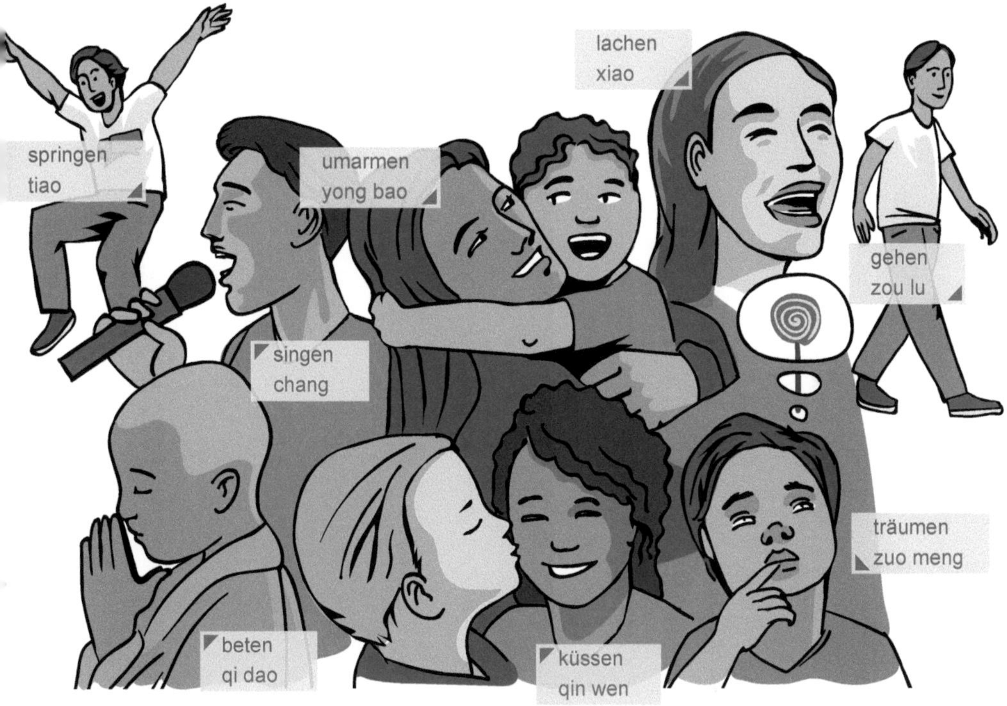

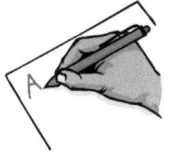

schreiben

shu xie

zeichnen

hua

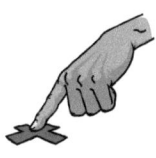

zeigen

zhan shi

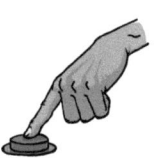

drücken

tui

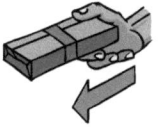

geben

gei

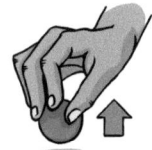

nehmen

na

haben

you

tun

zuo

sein

dang

stehen

zhan

laufen

pao

ziehen

la

werfen

reng

fallen

shuai dao

liegen

tang

warten

deng dai

tragen

xie dai

sitzen

zuo

anziehen

chuan yi

schlafen

shui jiao

aufwachen

xing lai

ansehen

kan

weinen

ku

streicheln

fu mo

kämmen

shu tou

reden

jiao tan

verstehen

ming bai

fragen

wen

hören

ting

trinken

he

essen

chi

aufräumen

qing li

lieben

ai

kochen

zuo fan

fahren

kai che

fliegen

fei

segeln

hang xing

rechnen

ji suan

lesen

du

lernen

xue xi

arbeiten

gong zuo

heiraten

jie hun

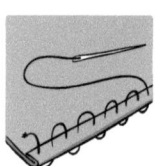

nähen

feng

Zähne putzen

shua ya

töten

sha

rauchen

chou yan

senden

ji

Familie
jia

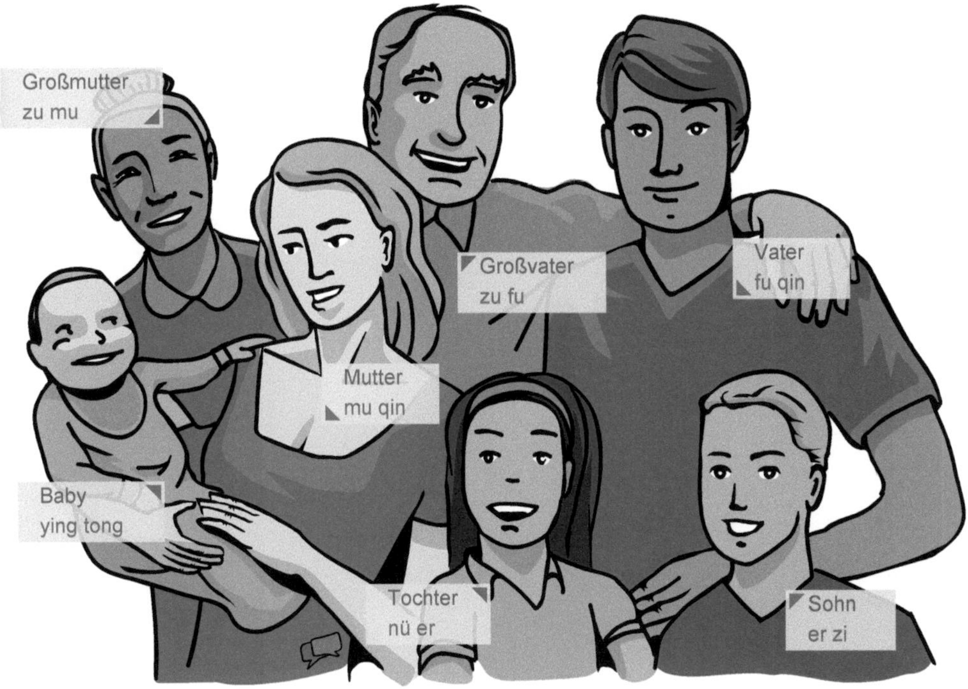

Großmutter
zu mu
Großvater
zu fu
Vater
fu qin
Mutter
mu qin
Baby
ying tong
Tochter
nü er
Sohn
er zi

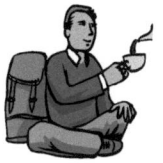

Gast

ke ren

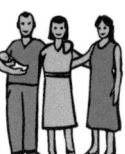

Tante

a yi

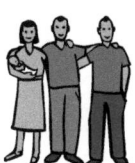

Onkel

shu shu

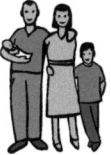

Bruder

xiong di

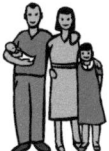

Schwester

jie mei

Körper
shen ti

Stirn
qian e
Auge
yan jing
Schulter
jian bang
Finger
shou zhi
Gesicht
lian
Kinn
xia ba
Hand
shou
Brust
ru fang
Bein
tui
Arm
shou bi

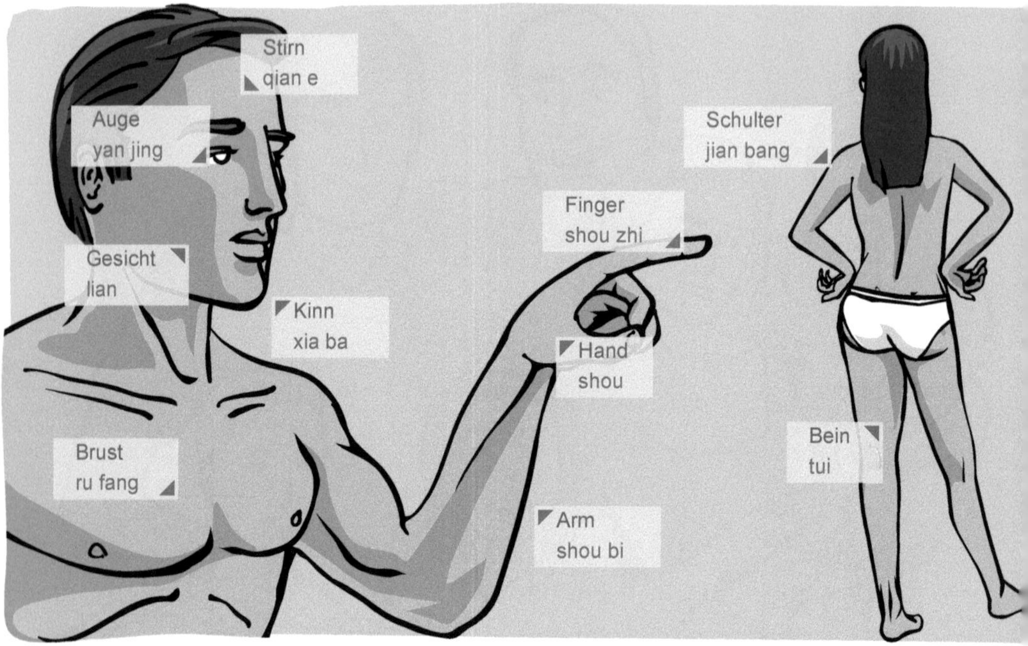

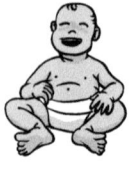

Baby

ying tong

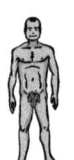

Mann

nan ren

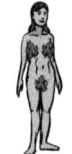

Frau

nü ren

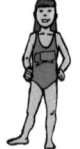

Mädchen

nü hai

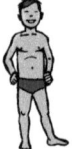

Junge

nan hai

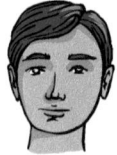

Kopf

tou

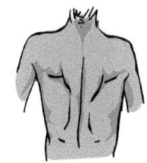

Rücken

bei bu

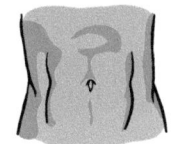

Bauch

du zi

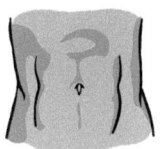

Nabel

du qi

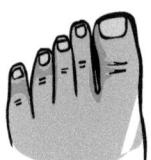

Zeh

jiao zhi

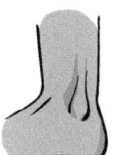

Ferse

jiao hou gen

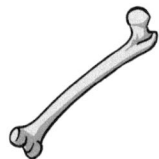

Knochen

gu tou

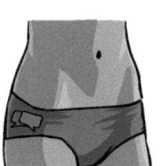

Hüfte

tun bu

Knie

xi gai

Ellenbogen

shou zhou

Nase

bi zi

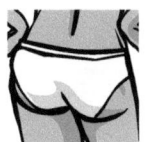

Gesäß

pi gu

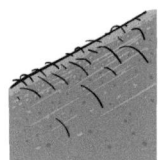

Haut

pi fu

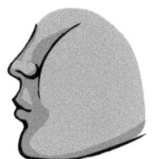

Wange

lian jia

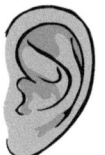

Ohr

er duo

Lippe

zui chun

Mund

zui

Zahn

ya chi

Zunge

she tou

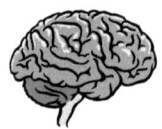

Gehirn

nao

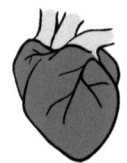

Herz

xin zang

Muskel

ji rou

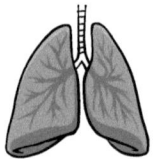

Lunge

fei

Leber

gan zang

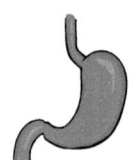

Magen

wei

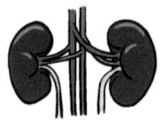

Nieren

shen zang

Geschlechtsverkehr

xing jiao

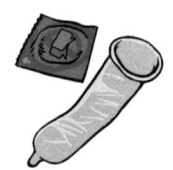

Kondom

bi yun tao

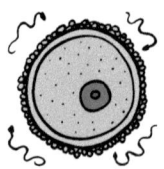

Eizelle

luan zi

Sperma

jing zi

Schwangerschaft

huai yun

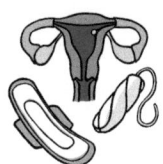

Menstruation

yue jing

Vagina

yin dao

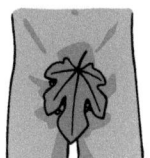

Penis

yin jing

Augenbraue

mei mao

Haar

tou fa

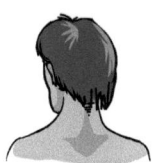

Hals

bo zi

Krankenhaus
yi yuan

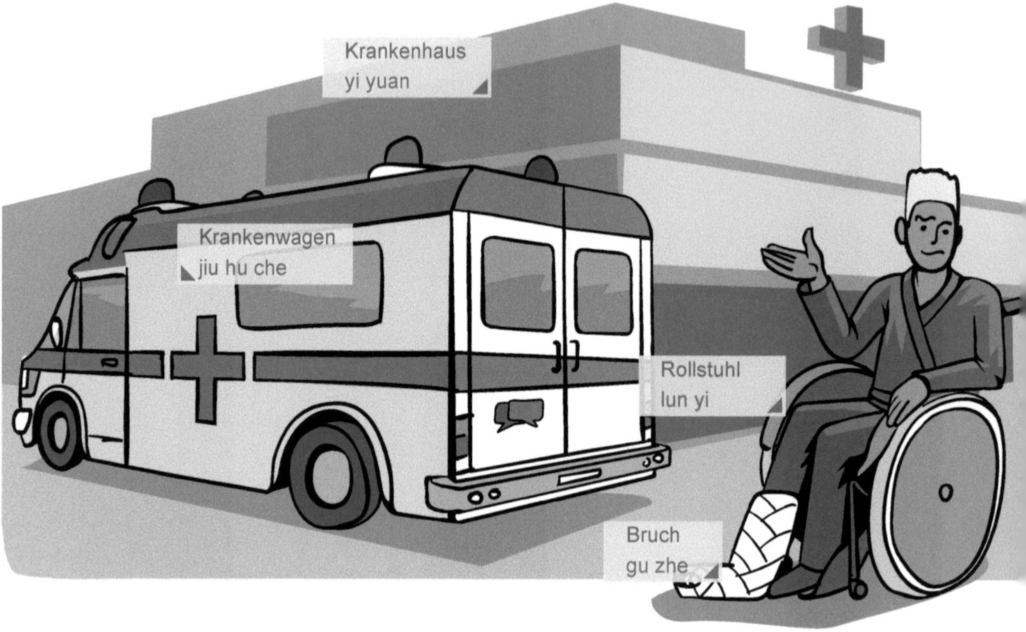

Krankenhaus
yi yuan
Krankenwagen
jiu hu che
Rollstuhl
lun yi
Bruch
gu zhe

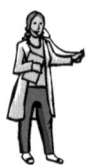

Arzt

yi sheng

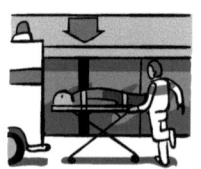

Notaufnahme

ji zhen shi

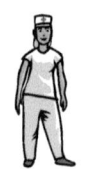

Krankenschwester

hu shi

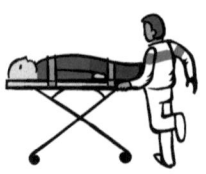

Notfall

jin ji qing kuang

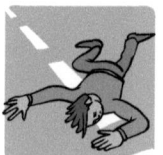

ohnmächtig

hun mi

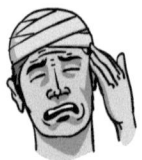

Schmerz

tong

Verletzung

shou shang

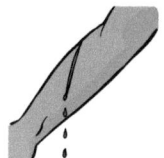

Blutung

chu xue

Herzinfarkt

xin zang bing fa zuo

Schlaganfall

zhong feng

Allergie

guo min

Husten

ke sou

Fieber

fa shao

Grippe

liu gan

Durchfall

fu xie

Kopfschmerzen

tou tong

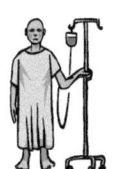

Krebs

ai zheng

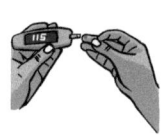

Diabetis

tang niao bing

Chirurg

wai ke yi sheng

Skalpell

shou shu dao

Operation

shou shu

CT

CT

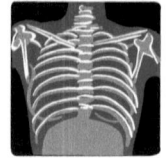

Röntgen

X guang

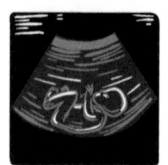

Ultraschall

chao sheng bo

Maske

kou zhao

Krankheit

ji bing

Wartezimmer

hou zhen shi

Krücke

guai zhang

Pflaster

shi gao

Verband

beng dai

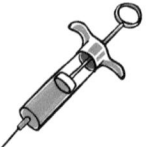

Injektion

zhu she

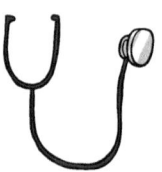

Stethoskop

ting zhen qi

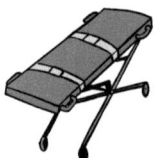

Trage

dan jia

Thermometer

ti wen ji

Geburt

chu sheng

Übergewicht

chao zhong

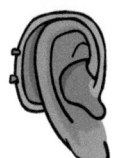

Hörgerät

zhu ting qi

Desinfektionsmittel

xiao du ye

Infektion

gan ran

Virus

bing du

HIV / AIDS

ai zi bing

Medizin

yao wu

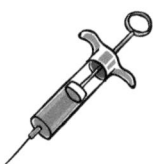

Impfung

jie zhong yi miao

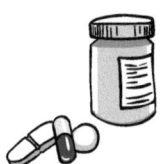

Tabletten

yao pian

Pille

yao wan

Notruf

ji jiu dian hua

Blutdruck-Messgerät

xue ya ji

krank / gesund

sheng bing/jian kang

Hilfe!

jiu ming!

Alarm

jing bao

Überfall

tu ji

Angriff

gong ji

Gefahr

wei xian

Notausgang

jin ji chu kou

Feuer!

zhao huo la!

Feuerlöscher

mie huo qi

Unfall

yi wai

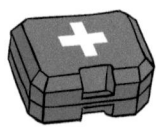

Erste-Hilfe-Koffer

ji jiu xiang

SOS

hu jiu xin hao

Polizei

jing cha

Europa

ou zhou

Nordamerika

bei mei zhou

Südamerika

nan mei zhou

Afrika

fei zhou

Asien

ya zhou

Australien

ao zhou

Atlantik

da xi yang

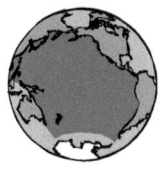

Pazifik

tai ping yang

Indischer Ozean

yin du yang

Antarktischer Ozean

nan bing yang

Arktischer Ozean

bei bing yang

Nordpol

bei ji

Südpol
nan ji

Antarktis
nan ji zhou

Erde
di qiu

Land
lu di

Meer
hai

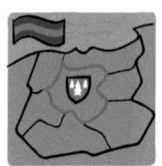

Insel
dao

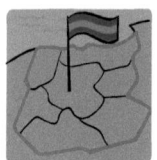

Nation
guo jia

Staat
guo jia

Zifferblatt

zhong mian

Stundenzeiger

shi zhen

Minutenzeiger

fen zhen

Sekundenzeiger

miao zhen

Wie spät ist es?

xian zai ji dian?

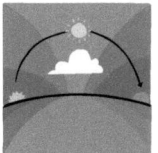

Tag

tian

Zeit

shi jian

jetzt

xian zai

Digitaluhr

dian zi biao

Minute

fen

Stunde

shi

Woche

zhou

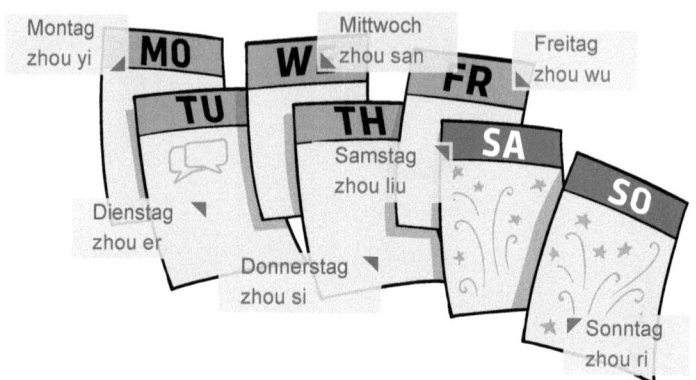

Montag
zhou yi

Mittwoch
zhou san

Freitag
zhou wu

Dienstag
zhou er

Samstag
zhou liu

Donnerstag
zhou si

Sonntag
zhou ri

gestern

zuo tian

heute

jin tian

morgen

ming tian

Morgen

zao chen

Mittag

zhong wu

Abend

wan shang

Arbeitstage

gong zuo ri

Wochenende

zhou mo

Jahr
nian

Regen
yu
Regenbogen
cai hong
Wind
feng
Schnee
xue
Frühling
chun
Sommer
xia
Herbst
qiu
Winter
dong

4.APRIL 11°
5.APRIL 4°
6.APRIL 13°
7.APRIL 8°
8.APRIL 10°

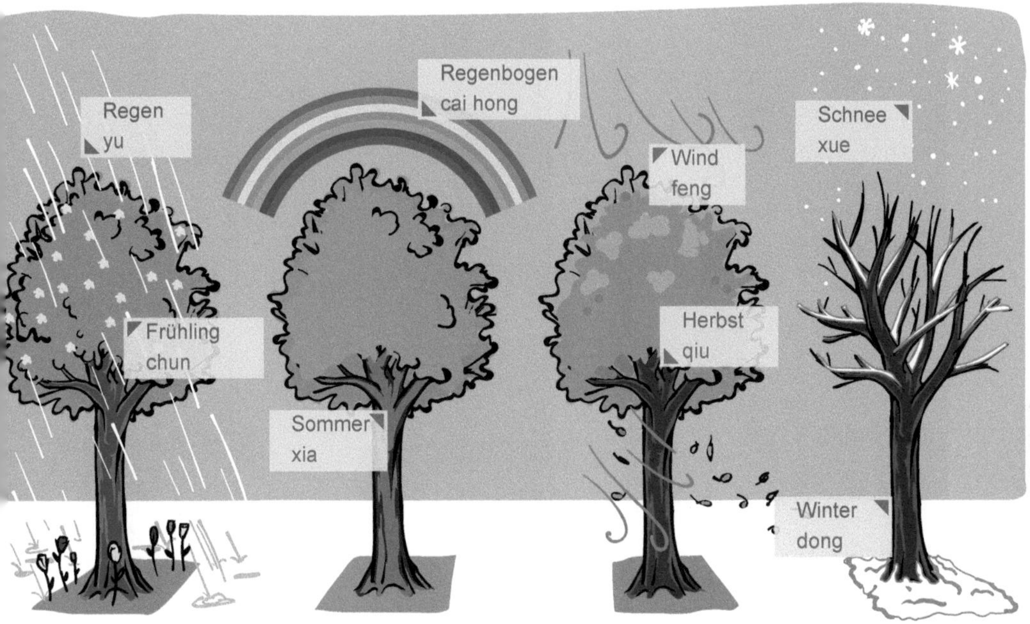

Wettervorhersage

tian qi yu bao

F C
120 40
90 30
60 20
30 10
0 0
-30 -10
-20

Thermometer

wen du ji

Sonnenschein

yang guang

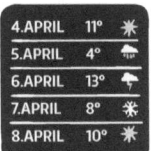

Wolke

yun

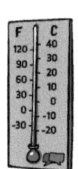

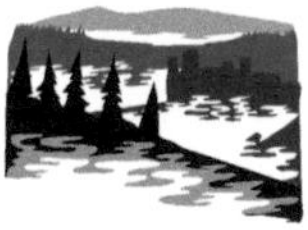

Nebel

wu

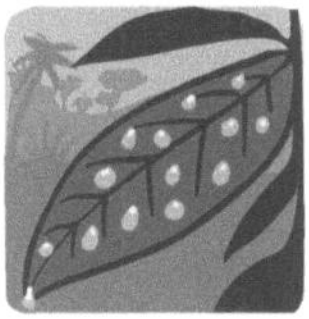

Luftfeuchtigkeit

chao shi

Blitz

shan dian

Donner

da lei

Sturm

feng bao

Hagel

bing bao

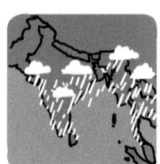

Monsun

ji feng

Flut

hong shui

Eis

bing

Januar

yi yue

Februar

er yue

März

san yue

April

si yue

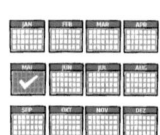

Mai

wu yue

Juni

liu yue

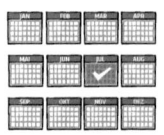

Juli

qi yue

August

ba yue

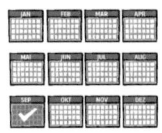

September
....
jiu yue

Oktober
....
shi yue

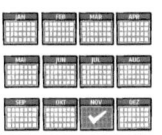

November
....
shi yi yue

Dezember
....
shi er yue

Formen
xing zhuang

Kreis
....
yuan xing

Quadrat
....
zheng fang xing

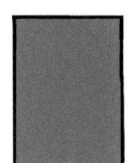

Rechteck
....
chang fang xing

Dreieck
....
san jiao xing

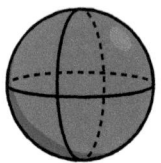

Kugel
....
qiu ti

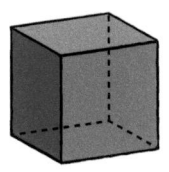

Würfel
....
li fang ti

weiß

bai

gelb

huang

orange

cheng

pink

fen

rot

hong

lila

zi

blau

lan

grün

lü

braun

zong

grau

hui

schwarz

hei

viel / wenig

hen duo/shao xu

wütend / friedlich

sheng qi/ping jing

hübsch / hässlich

mei/chou

Anfang / Ende

shou/wei

groß / klein

da/xiao

hell / dunkel

ming/an

Bruder / Schwester

xiong di/jie mei

sauber / schmutzig

gan jing/ang zang

vollständig / unvollständig

wan zheng/que shi

Tag / Nacht

bai tian/wan shang

tot / lebendig

si/sheng

breit / schmal

kuan/zhai

genießbar / ungenießbar

ke shi yong/fei shi yong

böse / freundlich

xie e/shan liang

aufgeregt / gelangweilt

xing fen/wu liao

dick / dünn

pang/shou

zuerst / zuletzt

di yi/zui hou

Freund / Feind

peng you/di ren

voll / leer

man/kong

hart / weich

ying/ruan

schwer / leicht

zhong/qing

Hunger / Durst

e/ke

krank / gesund

sheng bing/jian kang

illegal / legal

fei fa/he fa

intelligent / dumm

cong ming/yu ben

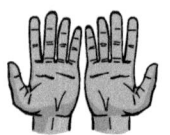

links / rechts

zuo/you

nah / fern

jin/yuan

neu / gebraucht
xin/jiu

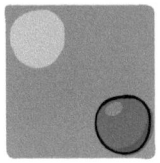

nichts / etwas
mei you/you xie

alt / jung
lao/you

an / aus
kai/guan

offen / geschlossen
da kai/he shang

leise / laut
an jing/chao nao

reich / arm
fu/qiong

richtig / falsch
dui/cuo

rau / glatt
cu cao/guang hua

traurig / glücklich
shang xin/gao xing

kurz / lang
duan/chang

langsam / schnell
man/kuai

nass / trocken
shi/gan

warm / kühl
wen nuan/liang shuang

Krieg / Frieden
zhan zheng/he ping

0

null

ling

1

eins

yi

2

zwei

er

3

drei

san

4

vier

si

5

fünf

wu

6

sechs

liu

7

sieben

qi

8

acht

ba

9

neun

jiu

10

zehn

shi

11

elf

shi yi

12

zwölf

shi er

13

dreizehn

shi san

14

vierzehn

shi si

15

fünfzehn

shi wu

16

sechzehn

shi liu

17

siebzehn

shi qi

18

achtzehn

shi ba

19

neunzehn

shi jiu

20

zwanzig

er shi

100

hundert

bai

1.000

tausend

qian

1.000.000

million

bai wan

Englisch

ying yu

Amerikanisches Englisch

mei shi ying yu

Chinesisch Mandarin

pu tong hua

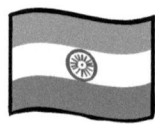

Hindi

yin di yu

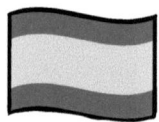

Spanisch

xi ban ya yu

Französisch

fa yu

Arabisch

a la bo yu

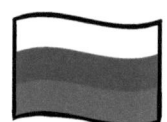

Russisch

e yu

Portugiesisch

pu tao ya yu

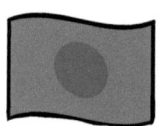

Bengalisch

feng jia la yu

Deutsch

de yu

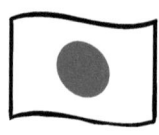

Japanisch

ri yu

ich

wo

du

ni

er / sie / es

ta/ta/ta

wir

wo men

ihr

ni men

sie

ta men

wer?

shei?

was?

shen me?

wie?

zen yang?

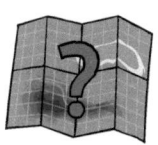

wo?

na li?

wann?

shen me shi hou?

Name

ming zi

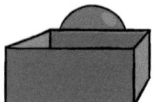

hinter
....
hou mian

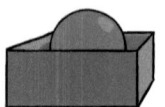

in
....
li mian

vor
....
qian mian

über
....
shang fang

auf
....
shang mian

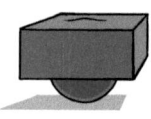

unter
....
xia mian

neben
....
pang bian

zwischen
....
zhong jian

Ort
....
di dian